Bettine Reichelt

DER KIRCHENKNIGGE

Bettine Reichelt

DER KIRCHEN-KNIGGE

Ein unterhaltsamer Ratgeber

benno

Bibliografische Information der deutschen Nationalbibliothek
Die Deutsche Nationalbibliothek verzeichnet diese Publikation
in der Deutschen Nationalbibliografie;
detaillierte bibliografische Daten sind im Internet über
http://dnb.d-nb.de abrufbar.

Besuchen Sie uns im Internet:
www.st-benno.de

ISBN 978-3-7462-2789-4

© St. Benno-Verlag GmbH
     Stammerstr. 11, 04159 Leipzig
Umschlag: Ulrike Vetter, Leipzig, unter Verwendung von Bildern
von © Uwe Bumann – Fotolia.com (oben), © epd-Bild/Norbert Neetz
(Mitte), © picture-alliance/dpa/Karl-Josef Hildenbrand (unten)
Gesamtherstellung: Arnold & Domnick, Leipzig   (A)

INHALTSVERZEICHNIS

Einander guttun – auch in der Kirche

Was ist ein „Knigge"? Ein Benimmbuch? Adolf Freiherr von Knigge würde dieser Eingrenzung wohl auch heute noch vehement widersprechen. In seinen verschiedenen Vorworten zu dem Buch „Vom Umgang mit den Menschen" versucht er zu erklären, worum es ihm eigentlich geht: Es handle sich um „Vorschriften, wie der Mensch sich zu verhalten hat, um in dieser Welt und in Gesellschaft mit andern Menschen glücklich und vergnügt zu leben und seine Nebenmenschen glücklich und froh zu machen". Es ging ihm nicht darum, angepasst zu sein, sich gut zu verhalten, um vor anderen gut dazustehen, sondern sich gegenseitig zu achten und das im eigenen Verhalten auszudrücken. Wie zeige ich einem anderen in meinem Verhalten meinen Respekt? Wie mache ich deutlich, dass ich mir selbst und dem anderen wichtig bin? Da Taten und Verhalten mindestens ebenso viel über mich aussagen wie meine Worte, schrieb Freiherr von Knigge vor allem auch über das Verhalten. Aber sein Anliegen war es, den Umgang der Menschen miteinander positiv gestalten zu helfen.

Was also könnte aus diesem Blickwinkel ein Kirchenknigge sein? Im besten Falle ein Buch, dass uns hilft, miteinander auf wohltuende Art und

Weise Glauben zu leben. Wir haben Erwartungen aneinander, auch innerhalb der Kirchen. Wir haben Erwartungen, wenn wir eine Kirche betreten, wenn wir mit Menschen im kirchlichen Raum in Kontakt kommen oder wenn wir darüber nachdenken, an einer kirchlichen Feier teilzunehmen. Nicht immer sind einem die eigenen Erwartungen und die der anderen bewusst. Doch es kann sein, dass ich plötzlich spüre: Ich habe einen anderen enttäuscht oder verletzt und weiß nicht, warum. Was ist geschehen? Weshalb ist er verletzt? Ich war doch wie immer. Auch umgekehrt kann ich in der Kirche, in meinem Glauben verletzt werden, mich über andere ärgern. Und er oder sie ahnt gar nicht, dass ich mich ärgere, denn er hat doch – aus seiner Sicht – nichts weiter getan, als sich so zu verhalten, wie er es gewohnt ist.

Glauben kann uns, auch im Gespräch zwischen den Kirchen, froh und glücklich machen, wenn wir lernen, die Eigenarten des anderen nicht als Ärgernis oder Affront aufzufassen, sondern als einen Reichtum, den es kennenzulernen gilt. Dazu möchte dieses Büchlein einen kleinen Beitrag leisten.

EIN RAUM DES GLAUBENS: DIE KIRCHE

Der Raum, den unser Glauben braucht, kann sehr unterschiedlich sein. Nicht immer ist es ein Gebäude, ein konkreter Ort. Dennoch hat es sich im Laufe der Geschichte als sinnvoll erwiesen, einen Ort auszusondern, einen Raum freizulassen von dem, was den Alltag im Allgemeinen bewegt. Das war keine Erkenntnis der Christen. Alle Religionen zu allen Zeiten fanden Orte der Einkehr und der Begegnung mit Gott. Diese Orte wurden einem besonderen Schutz unterstellt. Menschen erkannten immer wieder: Wir brauchen neben dem Normalen, diesen Ort, diesen Raum, auch in uns selbst, der heilig ist, vor dem man tiefsten Respekt hat. Claus Westermann, ein evangelischer Theologe, schrieb einmal: „Die Welt existiert davon, dass den Menschen etwas heilig ist." Wenn Menschen nichts mehr heilig ist, wenn sie über alles verfügen und es benutzen

ohne Rücksicht auf andere und auf sich selbst, werden sie früher oder später sich und andere zerstören.

Im Alten Testament, in der Berufungsszene des Mose sagt Gott zu ihm: „Tritt nicht herzu, zieh deine Schuhe von deinen Füßen; denn der Ort, darauf du stehst, ist heiliges Land!" (Exodus/ 2. Mose 3,5).

Ein Ort, der mir heilig ist, an dem mir Gott begegnet, kann mich verändern. Das, was ich dort erlebe, kann mich sogar erschrecken. Ich begegne Gott, dem ganz anderen. Einem Sein, das meines weit übersteigt, das so anders ist, dass mein Verstehen an eine Grenze gelangt. Hier ist meine Achtung gefordert. Was geschieht mit mir, wenn ich mich einem solchen Ort unwürdig nähere? Früher war man davon überzeugt, dass ich mir selbst schade, dass ich krank werden kann oder sterbe, wenn ich den Raum des Heiligen verletze. Aus diesen Überlegungen, aus dem Erschrecken über die unantastbare Heiligkeit der Welt wuchsen viele Formen des Schutzes für die Orte der Begegnung mit Gott, die sogar in die Gesetze Eingang gefunden haben. In dem Bewusstsein für die Heiligkeit Gottes wurzelt die Erkenntnis, dass auch seine Geschöpfe, auch der Mensch, unantastbar sein sollten.

„Menschen, denen nichts mehr heilig ist, kann man auch nicht mehr vertrauen", schrieb Claus

Westermann weiter. Albert Schweitzer nannte es die „Ehrfurcht vor dem Leben". Orte der Begegnung mit Gott erinnern mich gerade daran: an diese, auch meine eigene unverletzliche Würde, das Geschenk des Lebens und an die Urkraft, in der all dieses Leben seinen Ursprung hat. An und in diesen Räumen der Ehrfurch wächst ein Vertrauen und eine Lebensweise, die ermutigt und stark macht für den nächsten Schritt.

„Dem Herrn gehörend" ist die Übersetzung des Wortes Kirche (griech. kyriake). Auch die Christen begannen früh, ihre heiligen Orte vor unwürdigem Verhalten zu schützen. Bis heute findet sich dieses Innehalten, die Achtung vor dem Heiligen, in der Art und Weise, wie vor allem orthodoxe und katholische Christen die Kirche betreten. Aber auch für evangelische Christen ist es wichtig, sich dem Raum, in dem Gottesdienst gehalten wird, würdig zu nähern.

„Herr ich habe lieb die Stätte deines Hauses und den Ort, da deine Ehre wohnt."

Wie zeige ich, dass mir ein Ort wichtig ist? Dass es mir nicht egal ist, was hier geschieht? Ich versuche mich „ordentlich" zu verhalten. Nur was heißt das eigentlich?

Die Kirche ist kein Laufsteg. Auch ist eher nicht mit dem Ausscheid für das nächste Topmodel zu rechnen. Insofern gehen alle Bemühungen in diese Richtung ins Leere. Es ist besser und weitaus wirkungsvoller, wenn du dich an anderen Orten bauchfrei, mit deinem extrem kurzen Minirock oder den super schicken super kurzen Shorts, in Bikini oder Badehose bewegst. In der Kirche kommt deine Schönheit von innen; sie braucht keine äußere Darstellung. Oder, wie es an einer Kirche in Italien heißt: „Es ist überflüssig, Gott in der Kirche deinen Bauchnabel zu zeigen, er kannte ihn schon vor deiner Geburt."

Eine spezielle Kleiderordnung gibt es in den *evangelischen Kirchen in Mitteleuropa* nur in kleinen und geprägten Gemeinschaften.

Auch wenn es in den evangelischen Kirchen und in den meisten Freikirchen kaum Erwartungen an die Kleidung gibt, sollte man sich doch überlegen, was angemessen ist.

In Deutschland habe ich es aber noch nicht erlebt, dass jemand nach Hause geschickt wurde, weil er falsch gekleidet war. Allerdings kann es dir sowohl in den *katholischen und orthodoxen Kirchen* als auch in evangelischen Kirchen im südlichen Europa, aber auch im Nahen Osten passieren, wenn du zu viel Haut zeigst.

Beispielsweise musste ich auf Zypern über meine kürzere Hose eine lange anziehen. Es gibt einige Unterschiede, was als passend und angemessen empfunden wird. In südlicheren Ländern ist es gut, lange Hosen oder längere Röcke zu tragen und ein großes Tuch für die Schultern oder eine Jacke einzustecken: Die Knie und die Schultern sollten bedeckt sein.

Vor dem Betreten jedes sakralen Raumes, egal ob Kirche, Moschee, Synagoge oder buddhistischer Tempel, sind Walkman, Handy, MP3-Player u.ä. auszuschalten. Die Kopfhörer dürfen pausieren und in der Tasche verschwinden. Auch der beliebte Schütteralarm sollte in der Kirche nicht die Bänke oder Sitze in Schwingung versetzen.

Katholische Christen tauchen beim Betreten und Verlassen der Kirche Daumen und Zeigefinger in das Weihwasserbecken, das sich am Eingang jeder katholischen Kirche findet und bekreuzigen sich. Das ist keine altertümliche Art, sich die Hände zu waschen, sondern eine Erinnerung an die Taufe. Katholische Christen sprechen innerlich dabei: „Im Namen des Vaters und des Sohnes und des Heiligen Geistes. Amen." Die Taufe ist das christliche Zeichen dafür, dass Menschen zu Gott gehören. Beim Verlassen der Kirche bekreuzigen sie sich auf die gleiche Weise und gehen bewusst unter dem Segen Gottes in den Alltag.

Auch bevor sie sich setzen oder sich dem Altar nähern, knien katholische Christen kurz nieder und bezeichnen sich mit dem Kreuz. Wer nur als Gast die Kirche besucht, muss diesen Ritus nicht mitvollziehen.

Solche Rituale gibt es in den evangelischen Kirchen nicht. Die Möglichkeiten, Achtung zu zeigen, sind vielfältig und es ist oft nicht auf den ersten Blick erkennbar, wie groß (oder klein) die Ehrfurcht vor dem Kirchenraum ist. Das Bekreuzigen ist möglich, aber nicht üblich. Meist wird beim Betreten der Kirche leiser gesprochen. Man geht etwas langsamer, um selbst ruhiger zu werden und den Raum auf sich wirken zu lassen.

Was aber tun, wenn die Freundin oder der Freund ganz am anderen Ende des Raumes stehen und dich nicht sehen? Rufen? Pfeifen? Hinrennen? All das wird nicht gern gesehen. Auch wenn es das Einfachste wäre, um auf sich aufmerksam zu machen. Der Charakter des Raumes verbietet es. Außerdem möchten andere still werden, nachdenken und beten. Darauf haben sie ebenso ein Recht wie du auf die Begegnung mit deinem Freund. Am besten gehst du in aller Ruhe hin und sprichst ihn oder sie leise an. Viel-

leicht ist es dir auch schon so gegangen: In einem Raum, der dem Gebet dient, beginnt man unwillkürlich, leiser zu sprechen. Ich kann mich auf den Raum und was er mir von Gott erzählt, besser einlassen, wenn ich versuche, stiller zu werden.

Probier es einfach aus: Setz dich still in eine Kirche und lausche auf das, was sich in dir zu bewegen beginnt. Du wirst erstaunt sein, wie viel geschehen kann, wenn du scheinbar nichts tust.

Woran erkennt man aber, in welcher Kirche man sich gerade befindet? Ist sie katholisch, orthodox, evangelisch? Nicht immer gibt es ein Schild, das darüber Auskunft gibt. Einfach ist es in den katholischen Kirchen. Tag und Nacht brennt dort ein kleines Licht. Es wird das „Ewige Licht" genannt. Es zeigt an, dass im Tabernakel, einer Art kleinem Schrank, meist in der Nähe des Altars, Hostien (kleine Oblaten) sind, die im Gottesdienst gewandelt wurden. In ihnen ist der Leib Christi anwesend. In Würdigung des heiligen Ortes der Verehrung und der Anbetung bekreuzigen sich katholische Christen und knien kurz nieder. Als Besucher der Kirche sollte man von diesem Ort respektvoll Abstand halten.

Orthodoxe Kirchen erkennt man unschwer an der Ikonenwand, die den Raum, in dem die „normalen" Gläubigen den Gottesdienst mitfeiern, vom Raum für die Geistlichen trennt. Der Raum um den Altar und vor allem hinter der Ikonenwand darf weder von Frauen noch von Männern, die am Verlauf des Gottesdienstes nicht beteiligt sind, betreten werden.

Auch orthodoxe Christen bezeichnen sich beim Betreten und Verlassen der Kirche, beim Gebet, aber auch bei der Verehrung der Reliquien, der Ikonen und des Kreuzes mit dem Kreuzzeichen. Das Kreuz wird, im Unterschied zu dem in der katholischen Kirche üblichen Zeichen von rechts nach links geschlagen. Sie übernehmen das Kreuz des Priesters, mit dem sie gezeichnet worden sind. Dafür werden drei Finger (Dau-

men, Zeige- und Mittelfinger) der rechten Hand zusammengelegt. Mit diesem Zeichen soll die Dreieinigkeit Gottes symbolisiert und verinnerlicht werden. Die übrigen beiden Finger werden in die Handfläche gelegt. Sie sind Sinnbild dafür, dass Jesus Christus Gott und Mensch war. Dabei wird innerlich gesprochen: Beim Berühren der Stirn „Im Namen des Vaters", beim Berühren des Bauchs „des Sohnes", beim Berühren der rechten und linken Schulter und zum Abschluss der Brust „und des Heiligen Geistes. Amen." Neben dem Bekreuzigen hat die Verbeugung als Zeichen der Ehrerbietung in der orthodoxen Kirche eine wichtige Funktion. Wenn sich ein orthodoxer Christ dem Altar zuwendet, drückt er seine Ehrfurcht in dem Bezeichnen mit drei Kreuzen und in kleinen Verbeugungen aus.

In den Ikonen verehren orthodoxe Christen die Anwesenheit Christi bzw. der Heiligen. Ikonen sind keine Abbilder der Wirklichkeit, sondern sollen auf eine tiefere Wahrheit, eine andere Dimension verweisen. Deshalb werden sie zweidimensional gemalt und nicht dreidimensional. Es ist üblich, die Ikonen zu küssen und damit die Liebe und den Respekt zum Ausdruck zu bringen. Allerdings küsst man nie den Kopf oder das Gesicht, sondern immer den unteren Teil der Ikone und bekreuzigt sich dabei.

Vor einem Heiligenbild oder einer Ikone stehen oft Kerzenständer oder sandgefüllte kleine Kästen. Dort kann man eine Kerze entzünden, dabei ein Gebet sprechen oder an den Menschen denken, der einem im Augenblick besonders wichtig ist.

Gott dienen – und das Richtige tun ...

„Auf die Reise gehen", so könnte man Gottesdienst auch umschreiben. Wir kommen aus
dem Alltag, aus dem, womit wir uns alle Tage
beschäftigen, und steigen in eine andere Welt
ein. Wir sind unterwegs auf einer Reise der
besonderen Art. Der Gottesdienst gehört zu
unserer Welt, und doch hat er etwas anderes in
sich, einen anderen Anspruch. Er verbindet uns
mit dem, der zu uns sagt: „Ich bin da." Und er
ermutigt uns zugleich: Vergesst es keinen Tag
eures Lebens! Ihr seid nicht allein!
Das Gespräch mit Gott wurde in den Jahrhun-
derten an bestimmte Formen gebunden. Neben
den alten entstehen immer wieder neue, die
manchmal heute besser verständlich sind, unse-
rem Leben angepasster.
Beides gehört zusam-
men: die traditionellen
Gottesdienste, die nach
der Agende (ev.), dem
Messbuch (kath.) oder
dem Euchologion (orth.)
gehalten werden, und
die neuen Gottesdienst-

und Andachtsformen. Viele der neuen Formen sind nicht mehr auf eine Konfession begrenzt. Sie öffnen unseren Blick füreinander.

Oft stellt sich aber dennoch die Frage: Wie verhalte ich mich? Was ist richtig? Was ist falsch? Was machen die anderen? Ist es peinlich, wenn ich etwas nicht mitmache? Verletze ich vielleicht die religiösen Gefühle der anderen Gottesdienstbesucher?

Ausreichend anziehend angezogen?

Der Gottesdienstbesuch beginnt schon zu Hause. Ich habe mich entschieden loszugehen. Und ich entscheide mich für meine Kleidung. Hochgeschlossen? Oder Gummigaloschen? Oder die alte Jeans und rückenfreies T-Shirt? Oder ...?

Wie bereits im vorherigen Kapitel beschrieben, gibt es in unserer Region keine feste Kleiderordnungen für den Gottesdienst. Ob Hose oder Rock, Bluse, Hemd, Anzug oder ein T-Shirt, nichts ist festgeschrieben. Dennoch kann es beim Ankleiden, vor allem wenn man selten in den Gottesdienst geht, sinnvoll sein zu überlegen: Fühle ich mich darin wohl? Und fühlen sich andere auch wohl in meiner Nähe? Kleidung ist auch eine Form, meinen Respekt vor anderen – und vor Gott – auszudrücken. In katholischen und orthodoxen Kirchen wird darauf mehr geachtet als in evangelischen. Ein Rock mit einem sehr langen Gehschlitz, ein stark ausgeschnittenes Kleid oder ein Achselshirt werden oft als störend und vom Gottesdienst ablenkend empfunden.

In der Synagoge müssen Männer ihen Kopf bedecken. Im Gegensatz dazu trugen Frauen in der Kirche häufig Kopfbedeckungen. An einigen Orten ist es bis heute üblich, dass Frauen ihr Haar bedecken. Ein Dame mit Hut darf ihn also auch im Gottesdienst tragen; Männer nehmen ihre Kopfbedeckung zum Zeichen der Ehrfurcht ab.

Fünf Minuten vor der Zeit oder: Pünktliches Erscheinen sichert die Freundschaft ...

Deutsche gelten als zuverlässig, genau und vor allem auch pünktlich. Fünf Minuten vor der Zeit sei des Deutschen Pünktlichkeit, wird behauptet. Oder: Pünktliches Erscheinen sichert die Freundschaft – auch des Pfarrers? Zeit ist relativ geworden. Die Pünktlichkeit, die vielleicht preußischste aller Tugenden, scheint sich allmählich aufzulösen. Gilt das auch für die Gottesdienstzeit?

In Mitteleuropa beginnen die Gottesdienste zu einer festgelegten Zeit und enden meist nach einer Stunde. Der Gottesdienstablauf ist definiert. Spontanentwicklungen sind in den großen Kirchen nicht zu erwarten, eher in einigen Freikirchen oder christlichen Gemeinschaften. Somit wird im Allgemeinen von pünktlichem Erscheinen ausgegangen, um den gesamten Gottesdienst mitzuerleben. Man kommt nicht erst zur Predigt. Und man verlässt den Gottesdienst nicht ohne zwingenden Grund vor oder kurz nach dem Abendmahl / der Eucharistie.

Die orthodoxen Kirchen unterscheiden sich an dieser Stelle stark von den großen evangelischen und der katholischen Kirche. Da ein Teil der Liturgie nicht mit den Laien, also den nicht mit einem kirchlichen Amt Betrauten (Priester, Diakon), gefeiert wird, kommen orthodoxe Gläubige sehr oft scheinbar zu spät zum Gottesdienst. Genau genommen müssten die ungetauften Gäste den Gottesdienst nach dem Teil, der für Getaufte und Ungetaufte gemeinsam bestimmt ist, verlassen. Diese Praxis ist in Europa eher nicht erlebbar, ist aber an den Überschriften, die die einzelnen Teile des orthodoxen Gottesdienstes tragen, noch erkennbar.

Wir bitten, von Beifallsbekundungen abzusehen ...

Diesen Satz habe ich schon in vielen Kirchen gehört. Darf man im Gottesdienst nicht klatschen?! Muss man denn immer ganz still sein? Ist es nicht nur natürlich, wenn man sich am Gottesdienst beteiligt, auch durch Zeichen der Freude?

Die Empfindungen und Positionen dazu sind so bunt und vielfältig wie der Glaube selbst. Gottesdienst bedeutet vor allem, dass wir uns auf Gott einlassen, uns ihm zuwenden und seine Zuwendung zu uns wahrnehmen. Wie das geschieht, kann sehr unterschiedlich sein. Für afrikanische Christen ist Singen, Klatschen, Tanzen im Gottesdienst völlig normal. In Mitteleuropa ist der Gottesdienst oft vor allem eine Zeit der Einkehr, der Stille und des Hörens. Weder das eine noch das andere ist falsch. Unter Christen wird immer wieder neu um die Entscheidung in Detailfragen gerungen.

In einigen evangelischen Kirchen, vor allem in Kirchen, die der Pfingstbewegung nahestehen, ist Klatschen, sind Gefühlsäußerungen und Ausrufe normal. In anderen evangelischen, in der katholischen und den orthodoxen Kirchen werden sie als störend und ablenkend empfunden. Wir feiern nicht uns selbst, sondern Gott. Im Blick auf Gott sind wir in erster Linie Hörende und Empfangende. Das sollte sich in der Haltung im Gottesdienst ausdrücken. Deshalb wird im europäischen Raum meist in der katholischen Kirche, in den evangelischen und in den orthodoxen Kirchen weder nach der Predigt noch nach einem besonders gelungenen Musikstück geklatscht.

Könnten Sie herausgeben?

Geld ist ein heikles Thema. Keiner hat es, oder wenn, dann selten ausreichend. Und in jedem Gottesdienst wird Geld (Kollekte) gesammelt. Hat die Kirche nicht genug andere Geldquellen? Und: Muss man in der Kirche Geld geben? Ist das so eine Art Eintritt, oder besser gesagt „Austritt"? Die Geldspende im Gottesdienst oder an dessen Ende ist freiwillig. Niemand wird es wie einen Eintritt einfordern. Jeder gibt, was er kann und was er möchte. Das Geld fließt in die Aufgaben und sozialen Projekte der Kirchen. Auch wenn die Kirchen teilweise Kirchensteuer erheben, muss ein Teil der kirchlichen Aufgaben weiterhin über Spenden finanziert werden. An jedem Sonntag wird ein anderer Bereich der Kirche unterstützt. An vielen Sonntagen fließt das Geld in den Haushalt der eigenen Gemeinde.

Das Kollektenkörbchen nähert sich. Ich sehe in meine Geldbörse – und, o Graus, ich habe nur Scheine bei mir! So viel wollte ich nicht spenden. Soll ich nun in den „Klingelbeutel" greifen und mir das restliche Geld herausnehmen? Vermutlich wird man damit mindestens Befremden auslösen. Zwei Möglichkeiten bieten sich an: den Sammelnden zu fragen, ob man wechseln darf, oder nach dem Gottesdienst in die Sakristei bzw. das Büro zu gehen und dort zu wechseln.

Am besten ist es allerdings, wenn man bei der Vorbereitung auf den Gottesdienst an den Geldbetrag denkt, den man geben möchte ...

Sie werden platziert ...

„Sie werden platziert ...", hieß es gelegentlich an Gaststätten. Auch in der Kirche? Oder gibt es da Stammplätze zu beachten? Muss ich mir vielleicht vorher meinen Platz reservieren lassen? Gerade Weihnachten scheint das manchmal angebracht zu sein. – Aber es geht nicht. Zum Gottesdienst, auch am Heiligen Abend, ist grundsätzlich freie Platzwahl. Mit einer kleinen Einschränkung: Zum Sitzen sind Bänke und Stühle aufgestellt. Tische und anderes Mobiliar steht dafür nicht zur Verfügung.

Wie auf der Straße die StVO für alle verbindlich ist, so gelten auch in der Kirche die normalen Formen der Höflichkeit: Bei freier Platzwahl und vielen freien Plätzen setzt man sich zunächst  in die Mitte der Bank, damit sich andere nicht hindurchdrängen müssen, man begrüßt einander freundlich, aber ruhig, Zärtlichkeiten sollten privat bleiben, Kaugummis gehören auch hier nicht unter die Sitze und Bonbonpapier nicht auf den Boden.

Wenn du deinen Platz rechtzeitig und in Ruhe eingenommen hast, kann der Gottesdienst beginnen ...

Quatsch hier nicht dazwischen, Mann!

In einem Weihnachtsgottesdienst der Bundeswehr: Der Pfarrer begann wie üblich mit dem liturgischen Gruß: „Der Herr sei mit euch ..." Eisiges Schweigen. Nur einer wagte es zu antworten: „... und mit deinem Geiste." Darauf wurde er von einem Unteroffizier zur Ordnung gerufen: „Ruhe, quatsch dem Pastor nicht dazwischen!"

Christen und Nicht-Christen feiern aus verschiedenen Gründen gemeinsam Gottesdienst. Darf man dann miteinander reden, wenn man etwas nicht versteht? Oder sollte man bis nach der gemeinsamen Feier warten und besser dann seine Fragen stellen? Und an wem orientiere ich mich, wie es „richtig" ist? Wie antwortet man auf einen liturgischen Gruß? Und was antworte ich, wenn der Pfarrer mitten im Gottesdienst auffordert, sich ein Zeichen des Friedens zu geben? Was ist das überhaupt, ein Zeichen des Friedens?
Im Allgemeinen werden so viele „Wissende" den Gottesdienst besuchen, dass man sich an

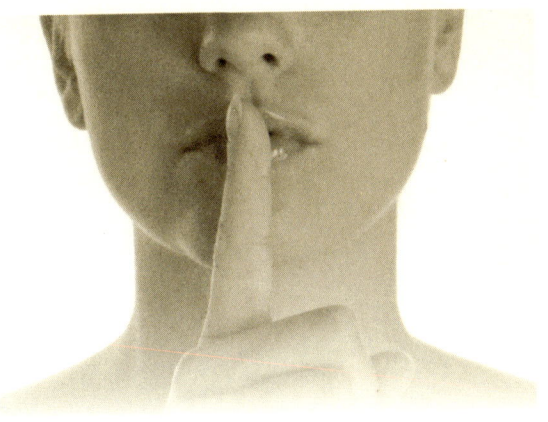

der Mehrheit orientieren kann. Normalerweise folgt der Gottesdienst einem festgelegten Ablauf, der Liturgie. In den Gesangbüchern finden sich häufig Einlegeblätter oder ein eigener Abschnitt, in dem man die Ordnung des Gottesdienstes mitverfolgen kann. Dort stehen auch die Antworten, die auf im Ablauf festgelegte Fragen oder Sätze gesprochen werden. Sich im Gespräch während des Gottesdienstes den Ablauf erklären zu lassen, stört die anderen Gottesdienstteilnehmer bei der Andacht. Deshalb ist es besser, sich an den Mitfeiernden zu orientieren.

Gottesdienst

Wozu braucht es eine solche feste Form? Ist Liturgie nicht Schnee von gestern? In evangelischen Kirchen wird die Frage danach immer wieder heftig diskutiert. Zugleich aber gibt es ein deutliches Interesse an zwar neuen, aber ebenso klaren, wiedererkennbaren Formen. Menschen merken immer wieder, dass es gut ist, bestimmte Worte für den Glauben gewissermaßen zu reservieren, sie mit einem heiligen Inhalt zu verbinden und sich an besonderen Orten gerade auf diesen Inhalt einzulassen. Diese altvertrauten Worte verbinden uns mit Menschen, die vor uns ihren Glauben gelebt haben. Und sie werden unser Leben überdauern. Ich berge mich in Zusammenhänge, die größer sind als ich selbst. Ich laufe gewissermaßen in Schuhen, die mir dauerhaft zu groß sein werden, weil sie nicht nur für mich gemacht sind und nicht nur meine Schuhgröße berücksichtigen (Fulbert Steffensky).

In einigen Gemeinschaften, wie beispielsweise in der Religiösen Gesellschaft der Freunde (Quäker), spielt dagegen die Sprache kaum eine Rolle. Sie laden vor allem zur Stille, zum Schweigen vor Gott ein.

Menschen aus dem westlichen Kulturkreis empfinden gerade die sehr alte Liturgie der orthodoxen Kirchen als besonders beeindruckend; sie spüren deren tiefe Verwurzelung in jahrhundertealter Tradition. Deshalb verändern die Kirchen die Sprache, die im Gottesdienst verwendet wird, selten und nur nach langen Überlegungen. Die Sprache bietet eine andere Art von Heimat. Man sollte sie aufnehmen und auf sich wirken lassen und wird dann allmählich Fragen stellen und einen eigenen Zugang entdecken können.

Grundform des evangelischen Gottesdienstes / Abendmahlsgottesdienst

Begrüßung: Der liturgische Gruß kann aus unterschiedlichen biblischen Formulierungen bestehen, z.B. Pfarrer oder Liturg: „Im Namen des Vaters und des Sohnes und des Heiligen Geistes", Antwort der Gemeinde: „Amen" oder/und „Unsere Hilfe steht im Namen des Herrn", Antwort: „... der Himmel und Erde gemacht hat" oder/und „Der Herr sei mit euch", Antwort: „Und mit deinem Geist."

Eingangsliturgie: Nach dem ersten Lied wird vielerorts ein Psalm gebetet. Jeder Sonntag hat seinen eigenen Psalm. Zum Abschluss des Psalms singt die Gemeinde: „(Ehre sei dem Vater und dem Sohn und dem Heiligen Geist) wie es im Anfang, jetzt und immerdar und von Ewigkeit zu Ewigkeit. Amen." Dieser Vers wird auch gesungen, wenn kein Psalm gebetet wird. Es folgt die Bitte um Gottes Erbarmen: „Kyrie eleison" („Herr, erbarme dich") und das Gloria (Lobpreis). Dann spricht der Liturg, meist der Pfarrer, das Tagesgebet. Es dient der inneren Sammlung, deshalb heißt es auch Kollektengebet (Sammlungsgebet, lat. colligere = sammeln).

Verkündigung: Sie besteht aus den Lesungen, der Predigt und dem Glaubensbekenntnis. Oft erhebt man sich dafür zum Zeichen der Achtung und hört die erste Lesung (aus der Apostelgeschichte, den Briefen oder dem Alten Testament) stehend. Die Antwort darauf ist „Halleluja" – „Gelobt sei Gott."

Dieser Ruf gehört zu den ältesten Teilen des Gottesdienstes. Er verbindet uns, wie auch die Psalmen, eng mit den Menschen jüdischen Glaubens. An das nächste Lied schließt sich eine Lesung aus dem Evangelium an. Auch das Evangelium hört man im Stehen.

Für die Predigt ist ein Text der Bibel vorgegeben. Die Auswahl richtet sich nach dem Kirchenjahr oder dem Thema des Gottesdienstes. In sechs sogenannten Predigtreihen erhalten die verschiedenen Aspekte des Glaubens und die wichtigsten biblischen Texten einen je eigenen Rahmen.

In vielen Gemeinden antwortet man auf die Lesungen *und* die Verkündigung (Predigt) mit dem Glaubensbekenntnis (Credo), an anderen Orten ist das Glaubenskenntnis Antwort auf die biblischen Lesungen. Dort wird es zwischen Lesungen und Predigt gesprochen. Aus Achtung erhebt man sich dazu. Das Credo kann auch gesungen werden.

In vielen Gemeinden wird nun die Kollekte gesammelt. Meist wird dabei ein Lied gesungen. Die Kollekte wird zum Altar gebracht, der Pfarrer/Liturg spricht das Dankopfergebet. Den Abschluss der Verkündigung bilden das Schuldbekenntnis und das Fürbitten- oder Kirchengebet. Der Liturg bringt Bitte und Dank vor Gott.

Abendmahl (auch Eucharistie oder Herren-

mahl): Zum Abendmahl ist die Gemeinde an den Altar, an den Tisch Gottes eingeladen. Der Pfarrer spricht das Gabengebet mit Lob des Schöpfers und der Schöpfung. Es folgen die Präfation (Großes Lobgebet) und das Sanctus-Lied ("Heilig, heilig, heilig ..."). Zu den vom Pfarrer gesprochenen Einsetzungsworten für das Abendmahl steht man auf. Es folgen das Vaterunser (mancherorts auch vor den Einsetzungsworten gesungen oder gesprochen), der Friedensgruß und das meist gesungene Agnus Dei ("Christe, du Lamm Gottes ...").

Dann teilt der Pfarrer die Kommunion aus. Bitte

beachten Sie: Die evangelischen Kirchen laden alle getauften Christen zum Abendmahl ein, aber die katholische und die orthodoxen Kirchen gestatten ihren Gläubigen in der Regel die Teilnahme am evangelischen Abendmahl nicht. In einigen Gemeinden nehmen auch Kinder am Abendmahl teil oder sie kommen mit an den Altar und werden dort gesegnet. Wer nicht am Abendmahl teilnehmen, aber gesegnet werden möchte, kann ebenfalls mit nach vorn gehen.

Segen: Der Segen, der Zuspruch der Begleitung durch Gott, beschließt den Gottesdienst. Auch den Segen hört und empfängt man, wenn möglich, im Stehen. In den evangelischen Gemeinden spricht der Liturg/Pfarrer meist den Segen Aarons, des Begleiters Moses: „Der Herr segne euch und behüte euch. Der Herr lasse sein Angesicht leuchten über euch und sei euch gnädig. Der Herr erhebe sein Angesicht über euch und gebe euch Frieden."

Grundform des katholischen Gottesdienstes/heilige Messe

Die heilige Messe besteht aus dem Wortgottesdienst und der Eucharistiefeier (übersetzt: Danksagung). Diese beiden Teile werden von der Eröffnung und der Entlassung umrahmt.

Eröffnung: Zum Einzug des Priesters singt die Gemeinde. Nach der Begrüßung der Gemeinde folgt das allgemeine Schuldbekenntnis mit dem Kyrieruf („Herr, erbarme dich"). An den Sonntagen außerhalb der Advents- und Fastenzeit, an Hochfesten, Festen und anderen festlichen Gottesdiensten folgt nun das Gloria (Lobgesang). Dann spricht der Priester das Tagesgebet.

Wortgottesdienst: Der Wortgottesdienst beginnt mit Worten aus der Heiligen Schrift: Der Lektor trägt am Ambo (Lesepult) die erste Lesung vor. Es folgt der Antwortgesang der Gemeinde, meist ein Psalmgesang, bei dem der Kantor die Psalmverse vorträgt und die Gemeinde den Kehrvers

singt. Nur an Sonn- und Feiertagen schließt sich eine zweite Lesung an, gefolgt vom Halleluja-Ruf. Der Priester oder Diakon liest nun das Evangelium. In der Predigt legt der Priester das in den Lesungen und im Evangelium gehörte Wort Gottes für die Gemeinde aus. Im

Anschluss spricht die Gemeinde gemeinsam mit dem Priester das Glaubensbekenntnis (Credo). Dann betet die Gemeinde in den Fürbitten für andere: für Menschen, die leiden, die unter Sorgen erdrückt werden, für die Kirche und ihre Repräsentanten, aber auch für die Welt, die Umwelt u. ä. Nach jeder vorgetragenen Fürbitte spricht die Gemeinde einen Fürbitt-Ruf, z. B. „Wir bitten dich, erhöre uns."

Eucharistiefeier: Bei der Gabenbereitung werden Wein und Hostien zum Altar getragen, der Altar wird zugerüstet, und es wird die Kollekte als Gabe der Gemeinde eingesammelt.

Es folgt das Eucharistische Hochgebet mit Präfation (Gebet), Sanctus-Gesang („Heilig, heilig, heilig ..."), den Einsetzungsworten Jesu, unter denen sich die Wandlung von Brot und Wein in Leib und Blut Christi vollzieht, den Bitten für die Gläubigen, die Kirche und die Verstorbenen, der Anrufung der Heiligen und der abschließenden Doxologie (Lobpreis Gottes).

Der Kommunionteil beginnt mit dem Vaterunser. Dann folgen der Friedensgruß und das Agnus Dei („Lamm Gottes ..."). Der Priester spenden die Kommunion an alle katholischen Gottesdienstteilnehmer, die bereits die Erstkommunion empfangen haben. Jüngere Kinder und Christen anderer Konfessionen sowie Nichtgläubige können im katholischen Gottesdienst die Kommunion nicht empfangen, sind aber eingeladen, ebenfalls nach vorn zum Priester zu kommen und sich segnen zu lassen.

Während der Priester Kelch und Hostienschale reinigt, singt die Gemeinde ein Danklied. Dann spricht der Priester das Schlussgebet.

Entlassung: Sind Veranstaltungen der Gemeinde zu vermelden, so werden diese Verlautbarungen hier eingefügt. Der Priester spricht den Schlusssegen und den Sendungsgruß „Gehet hin in Frieden". Unter dem Schlussgesang der Gemeinde oder Orgelspiel zieht er aus der Kirche aus.

Grundform des orthodoxen Gottesdienstes / Göttliche Liturgie

Der orthodoxe Gottesdienst wird „Göttliche Liturgie" genannt. Am verbreitetsten ist die Form nach Johannes Chrisostomos. Sie besteht aus drei Teilen: der Gabenbereitung, der Liturgie der Katechumenen und der Liturgie der Gläubigen.

Gabenbereitung: Sie findet im Verborgenen, hinter der geschlossenen Ikonenwand statt. Zugang haben nur diejenigen, die die Liturgie halten.

Liturgie der Katechumenen (Taufanwärter): Damit beginnt der öffentliche Teil des Gottesdienstes. Er besteht aus verschiedenen, vom Kirchenjahr abhängigen Hymnen und Gebeten, der Brieflesung (Epistel), der Lesung aus den Evangelien, dem kleinen Einzug und (nicht immer) der Predigt. Am Ende dieses Teils werden die Taufanwärter aus dem Gottesdienst entlassen.

Liturgie der Gläubigen: In ihrem Zentrum steht die Kommunion: Darbringung der Gaben (Litanei für die Gläubigen, Litanei für die ganze Welt, Cherubinische Hymnus, Vorbereitungsgebete, Großer Einzug mit den Opfergaben, Bittlitanei, Friedensgruß, Nizäno-Konstantinopolitanisches Glaubensbekenntnis), Hochgebet (Einleitungsdialog und Präfation, Gesang „Heilig, heilig ...", Einsetzungsbericht, Gedächtnis und Darbringung, Epiklese, Gedächtnis der ganzen Kirche), Kommunion (Bittlitanei zur Vorbereitung auf die Kommunion, Vaterunser, Hauptneigungsgebet, Erhebung des „Lammes", Brotbrechung, Vermischung und Zeon, Kommuniongebete, Kommunion derer, die den Gottesdienst halten: Priester und Diakon, Kommunion der Gläubigen, Dankgebet), Schluss (Schlusslitanei, Segensgebet über die Gemeinde, Reinigen der Gefäße, Segen, private Danksagungsgebete).

So wird man auf die Tücken des Alltags verwiesen. Hier sind einige weitere Hinweise.

Essen und Trinken

Bitte, beachten Sie, dass Essen und Trinken – dazu zählt auch Kaugummikauen – in der Kirche nicht gestattet ist, das gilt vor allem für Erwachsene. Ausnahmen sind das Empfangen der Kommunion in Brot und Wein und spezielle Frühstücksgottesdienste. Ob Säuglinge gestillt werden  dürfen? Darüber sind sich viele Gemeinden uneinig. In jedem Fall sollte es dezent geschehen.

Abendmahl

Bitte beachten Sie, dass nicht alle Kirchen die Eucharistie / das Abendmahl gemeinsam feiern. Seit den ersten Trennungen, die bis in die ersten Jahrhunderte der Christenheit zurückreichen, gehört der Streit um das gemeinsame Feiern des Herrenmahls zu den schmerzhaftesten Kapiteln der Kirchengeschichte. Zwischen den großen Kirchen, der katholischen, den evangelischen und den orthodoxen Kirchen, gibt es keine Abendmahlsgemeinschaft. Allerdings einigten sich in der „Leuenberger Konkordie" lutherische, reformierte und einige andere evangelische Kirchen in Europa.

Das Abendmahl, die Eucharistie ist das von Jesus selbst eingesetzte gemeinsame Essen seiner Jünger. Darin sind sich alle Kirchen einig. Jesus dankte während des Festessens am Passahabend, brach das Brot und reichte Brot und Wein seinen Jüngern. Nach der Auferstehung versammelten sich die Nachfolger an jedem ersten Tag der Woche, dem heutigen Sonntag, um sich an dieses letzte Mahl zu erinnern und der Gemeinschaft mit Jesus neu zu versichern. In der Deutung des gemeinsamen Mahls und vor allem über das, was die Glaubenden empfangen und wer das Recht hat, den Ritus zu vollziehen, gehen die Auffassungen der Kirchen weit auseinander.

Theologisch entwickelten sich verschiedene Richtungen: der Neuvollzug des Opfers Christi durch den Priester im Gottesdienst, Brot und Wein wandeln sich dauerhaft in Leib und Blut Christi (Transsubstantiation, die Wandlung ist dauerhaft, d.h. die Wein und Hostien bleiben

Blut und Leib Christi auch nach der Messe, heute in der katholischen Kirche vertreten), die Wandlung von Brot und Wein unter und durch die Einsetzungsworte, die der Pfarrer spricht, während des Abendmahls (Realpräsenz, evangelisch-lutherisch, die Präsenz gilt nur für die Zeit des Gottesdienstes), die symbolische Anwesenheit Christi in Brot und Wein (reformiert). Im Unterschied zu den sogenannten westlichen Kirchen vollzieht sich die Wandlung in Brot und Wein nach orthodoxer Überzeugung innerhalb des gesamten Vollzugs der Heiligen Liturgie. Die Anrufung des Heiligen Geistes über den Gaben nimmt eine zentrale Stellung ein. Eine Teilnahme nichtorthodoxer Gläubiger an der

Feier des Mahls ist nicht möglich; sie stellt nach Überzeugung der orthodoxen Kirche einen Kirchenübertritt dar.

In den meisten evangelischen Kirchen und oft auch in der katholischen Kirche nehmen die Teilnehmer das Brot und gegebenenfalls den Kelch selbst in die Hand. Aber niemand ist dazu verpflichtet. Wenn ich unsicher bin oder die Hostie nicht anfassen möchte, wird sie mir der Priester/der Pfarrer in den Mund legen. In den evangelischen Kirchen wird immer Brot und Wein ausgeteilt; in den katholischen Kirchen meist nur die Hostie, wenn auch seit dem Zweiten Vatikanischen Konzil der Empfang von Brot und Wein empfohlen wird. Da in den orthodoxen Kirchen das Brot immer in den Wein gegeben und mit einem Löffel ausgeteilt wird, gibt es hier nur die sogenannte Mundkommunion. Die Glaubenden nehmen das Brot nicht selbst in die Hand.

Rauchen und Alkohol

Bitte beachten Sie: Rauchen ist in der Kirche absolut tabu. Der einzige erlaubte Raucherzeuger ist das Weihrauchfass. Selbstverständlich sollte man die Kirche auch nicht alkoholisiert betreten.

Kleine Kinder

Bitte beachten Sie: Kleine und größere Kinder sind im Gottesdienst erwünscht. Aber sie sind im Allgemeinen nicht die einzigen Besucher des Gottesdienstes. So sollte auch an dieser Stelle die Rücksicht aufeinander vorgehen. Wer weint, darf getröstet werden. Wer herumlaufen muss, darf laufen. Die Frage ist, ob es im Gottesdienstraum sein muss. Sowohl für die Eltern, die Kinder als auch die anderen Gottesdienstbesucher ist es entlastend, mit einem weinenden oder sehr lebhaften Kind kurz oder etwas länger aus dem Raum zu gehen. In vielen Kirchen gibt es einen benachbarten Raum, in den der Gottesdienst übertragen wird, oder die Möglichkeit, am Kindergottesdienst bzw. an der Messe für Kinder teilzunehmen.

Fotografieren

Bitte, beachten Sie: Fotografieren ist in der Kirche nicht immer und nicht zu allen Zeiten erwünscht bzw. erlaubt. In Feriengebieten werden Sie häufig darauf hingewiesen, ob sie fotografieren dürfen. Insbesondere sind touristische Besichtigungen der Kirche während des Gottesdienstes unerwünscht.

Im Gottesdienst sollte man mit dem Fotografieren aus Anlass eines Familienfestes sehr zurückhaltend sein. Bei Taufen oder Trauungen empfiehlt es sich, wenn der Pfarrer/der Priester dem zustimmt, eine Person der Gesellschaft zu bitten, für alle zu fotografieren bzw. ein Video aufzunehmen. Aber auch in diesem Falle sollte der Fotograf so unauffällig wie möglich agieren. Der Raum um den Altar ist grundsätzlich nicht zu betreten. Dabei sollte man auch bedenken: Wer fotografiert, erlebt die Feier anders. Er oder sie ist weniger frei, alles in sich aufzunehmen. Insofern ist es auch eine Entlastung, nicht selbst für die Bilder verantwortlich zu sein.

Tiere

Was es sonst noch zu beachten gibt: Wenn sie nicht als Blindenhunde zur Orientierung und zur Unterstützung unabdingbar sind, dürfen Hunde den Kirchenraum nicht betreten. Auch andere Tiere gehören nicht in das Gotteshaus. Ausnahmen sind spezielle Gottesdienst mit Tiersegnung.

Eigentum

Bitte beachten Sie: Das Mobiliar, Tische, Bänke, Stühle, Kirchenfenster gehören der Gemeinde, ebenso die Gesangbücher und Liedmappen. Sie sind nicht zum Mitnehmen bestimmt.

Einzelne Liedzettel, die speziell für einen bestimmten Gottesdienst erstellt wurden, Gemeindebriefe und Broschüren liegen dagegen zum Mitnehmen aus. Die Gemeinde freut sich, wenn sie weite Verbreitung finden. Über die Verbreitung von Abfällen freut sich allerdings nur ein Abfalleimer, der meist vor der Kirche zu finden ist. Er nimmt Papier, alte Kaugummis und was es sonst noch zu beseitigen gilt, gern auf.

In vielen Kirchen gibt es am Eingang einen kleinen Stand mit Kerzen. Diese können für einen kleinen Obolus erworben werden – ein Geldkästchen mit Preisangabe findet man direkt am Stand. Diese Kerzen werden häufig zum Gedenken an einen Verstorbenen entzündet und auf dem dafür vorgesehenen Lichterständer aufgestellt.

... am Sonntag

Vielleicht gehört mittlerweile sogar ein bisschen Mut dazu: sich zu trauen, den Sonntag Sonntag sein zu lassen. Auch wenn man gar nicht genau sagen kann, was ihn wirklich ausmacht, den Sonntag. Ist es die Ruhe? Die Befreiung von Arbeit? Nicht zu müssen, sondern zu dürfen? Und: Braucht eine Gesellschaft einen solchen Tag? Diese Frage ist in der Diskussion, und sie wird nicht einfach mit Ja oder Nein zu beantworten sein.

Lieder wie „Gott Lob, der Sonntag kommt herbei ..." sind altertümlich. Und doch treffen sie den Kern vieler Wünsche: Frei zu sein von regelmäßigem Tun. Das, was ich an Kraft abgegeben habe, wird wieder neu wie die Woche. Sich auf das einlassen zu können, was ich brauche und was meiner Seele guttut. Ausschlafen dürfen. Der Sonntag ist heilsam und braucht unseren besonderen Schutz. Die evangelischen Kirchen warben eine Zeit lang mit dem Slogan: „Ohne Sonntag gibt es nur noch Werktage ..."

So sehr man den Sonntag herbeiwünscht, so schnell ist er gefüllt mit allem, was eigentlich zu den Werktagen gehört: Zimmer putzen, Wäsche waschen, Hausaufgaben erledigen, Auto reinigen. Jesus sagte einmal: „Der Sabbat, der Feiertag, ist für den Menschen da, nicht der Mensch für den Sabbat, den freien Tag." Wie eine Sucht fällt vielen gerade an diesem Tag, der für sie und nur für sie da ist, alles ein, wofür *sie* da sein sollen. Als ob gerade am Sonntag besonders spürbar wäre, wie vieles zu tun geblieben ist, wie vieles ich sollte und doch nicht so konnte, wie ich wollte.

Die Frage, was mir an diesem wöchentlich freien Tag guttut, ist nicht immer leicht zu beantworten. Benötige ich Stille? Den Gottesdienst? Einen Spaziergang? Einen Ausflug? Braucht unsere Familie, brauchen die Eltern, Verwandte mich an diesem Tag? Brauche ich sie? Sollte ich alte Freundschaften auffrischen? Nicht immer

kann ich den Sachzwängen, den Aufgaben, die mich fordern, ausweichen. Dennoch bleibt die Frage offen: Wie sehr traue ich mich, den Sonntag so zu nutzen, dass er mir und meiner Seele nützt? Oder, wie es in einem häufig zitierten Spruch heißt: Gelingt es mir, meiner Seele einen Sonntag und dem Sonntag eine Seele zu geben?

... in die Freiheit – die Beichte

Reden die Kirchen zu oft von der Sünde? Ja, sie tun es. Sie reden zu oft von Schuld und zu wenig von der befreienden Liebe Gottes, die größer ist als alles, was das Leben zerstört. Sie reden zu wenig von der Liebe zum Leben, die uns Ehrfurcht lehrt und Vertrauen in das, was das Leben heil und ganz werden lässt. Doch zugleich ist es unerlässlich davon zu reden, was am Leben hindert. Und die befreiende Liebe wird in meinem Leben umso eher Wurzeln schlagen, je ehrlicher ich mit mir selbst und mit

allem, allem!, was zu meinem Leben
gehört, umgehe. Dem Guten wie
dem Schlechten.

Eine Möglichkeit, sich
der Trauer über Fehler,
dem Schrecken über
mein Versagen zu
stellen, ist die
Beichte. Sie hat
in den Kirchen
und Gemein-
schaften unterschiedliche Formen, im Kern
besteht sie aus dem Aussprechen dessen, was
mich belastet, und dem Zuspruch, dass es nicht
das letzte Wort über mein Leben haben wird.
Man unterscheidet zwischen einer gemeinsamen, allgemeinen Beichte, einem Bußritus, und
der persönlichen Beichte. In den orthodoxen
Kirchen und in der katholischen Kirche gehört
die Beichte zu den Sakramenten.

In den evangelischen Kirchen ist die Beichte
sowohl als gemeinsame Beichte in Gebetform
im Gottesdienst als auch als Einzelbeichte
üblich. Die Einzelbeichte hat die Form eines
seelsorgerlichen Gesprächs. Abschluss des
Gespräches ist wie in der gemeinsamen Beichte
im Gottesdienst die Zusage der Vergebung. Sie

kann mit der Formel erfolgen: „Jesus Christus hat seinen Jüngern die Vollmacht gegeben, in seinem Namen die Sünden zu vergeben, allen, die ihre Schuld ernsthaft bereuen / oder dir, der du die Schuld ernsthaft bereust und mit Gottes Beistand dein Leben bessern willst, spreche ich die Gnade Gottes zu und die Vergebung ihrer / deiner Sünden im Namen des Vaters und des Sohnes und des Heiligen Geistes. Amen." Während der Pfarrer diese Worte spricht, bezeichnet er die Gemeinde oder den Hilfesuchenden mit dem Kreuz. Es ist auch möglich, dass er dem Beichtenden die Hände auflegt.

In der katholischen Kirche kann die Beichte in einem seelsorgerlichen Gespräch erfolgen oder im Beichtstuhl abgelegt werden. Die Kirche hat

dafür eine feste Form entwickelt: Beim Eintreten in den Beichtstuhl oder Beichtraum macht der Beichtende das Kreuzzeichen und spricht: „Im Namen des Vaters und des Sohnes und des Heiligen Geistes. Amen." Auf die Worte des Priesters „Gott, der unser Herz erleuchtet, schenke dir wahre Erkenntnis deiner Sünden und seiner Barmherzigkeit", antwortet der Beichtende: „Amen." An dieser Stelle zitiert der Priester eventuell einen Bibelvers. Danach spricht der Beichtende das aus, was ihm auf dem Herzen liegt, über die Belastung wird gesprochen (Beichtgespräch) und der Beichtende spricht ein Gebet (Reuegebet).

Dann erteilt der Priester die Lossprechung mit folgenden Worten: „Gott, der barmherzige Vater, hat durch den Tod und die Auferstehung seines Sohnes die Welt mit sich versöhnt und den Heiligen Geist gesandt zur Vergebung der Sünden. Durch den Dienst der Kirche schenke er dir Verzeihung und Frieden. So spreche ich dich los von deinen Sünden. Im Namen des Vaters und des Sohnes und des Heiligen Geistes." Der Beichtende antwortet: „Amen."

Auf das „Dankt dem Herrn, denn er ist gütig", antwortet der Beichtende: „Sein Erbarmen währt ewig." Dann entlässt der Priester den Gläubigen mit den Worten „Der Herr hat dir die Sünden vergeben. Geh hin in Frieden."

Ohne Wasser fehlt dir was ... – die Taufe

„Wie schön, dass du geboren bist, wir hätten dich sonst sehr vermisst!" Dieses Lied wird nicht ohne Grund gern zu Geburtstagen gesungen. Es ist gut, dass jeder von uns da ist. Und es ist gut, dass wir füreinander da sind. Aber in unser Verhältnis zueinander gehört auch Gott. Er kann weiterhelfen, wenn wir nicht mehr weiterwissen. Er teilt unsere Freude mit uns und ist ein Begleiter in allen Tagen des Lebens.

Grundlegendes Zeichen für sein Dasein für uns ist die Taufe. Sie geht auf die Taufe des Johannes zurück und ist neben dem Abendmahl eine Handlung, die Jesus selbst eingesetzt hat, d.h. von der Jesus selbst gesagt hat: Tut dies. Darin

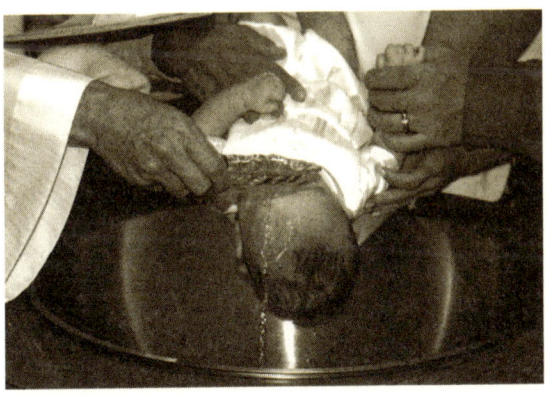

wird Gottes Liebe zu euch deutlich. Ihr seid Kinder Gottes. Die Taufe gehört in den evangelischen, den orthodoxen sowie in der katholischen Kirche gleichermaßen zu den Sakramenten. Sie ist unter den meisten Kirchen gegenseitig anerkannt und gilt lebenslang. Dennoch wird mit der Taufe die Zugehörigkeit zu einer bestimmten Konfession begründet. Es gibt keine ökumenische Taufe. Beim Übertritt von der evangelischen in eine orthodoxe Kirche wird die Salbung (vgl. dazu „Zur Taufe in der katholischen Kirche") nachgeholt.

Rein formal ist für die Taufe eines Kindes oder eines Erwachsenen das nächstgelegene Pfarramt zuständig. Wer sein Kind taufen lassen möchte, meldet dies dort an. Jugendliche und Erwachsene haben vor der Taufe die Möglichkeit, sich in einer Gruppe über den Glauben und über die Kirche zu informieren, um zu wissen, worauf sie sich mit der Taufe einlassen.

Eltern versprechen für ihre Kinder, ihnen diese Möglichkeit zu bieten und das Kind gemeinsam mit den Paten auf dem Weg in den Glauben und in die Kirche zu begleiten. Der Priester bzw. Pfarrer wird mit dem Täufling bzw. mit den Eltern ein Gespräch über die Taufe führen. Dabei geht es neben dem Ausfüllen der Taufanmeldung um die Fragen, die das Thema Taufe im Leben eines Menschen berührt: Leben und Sterben, Bewahrtwerden und Scheitern, Segen und Zukunft, Freude und Dankbarkeit, aber auch Sorge um das, was werden kann und was Menschen nicht in der Hand haben.

Die Taufe in den evangelischen Kirchen

Zur Taufe wird der biblische Taufbefehl Jesu (Mt 28,18-20) gelesen. Ist die Tauffeier ein eigenständiger Gottesdienst, steht im Mittelpunkt der Predigt der Taufspruch. Oft wird die Taufe aber auch im Sonntagsgottesdienst der Gemeinde gefeiert. Dann ist sie ein eigenständiger Teil vor oder nach der Predigt. Während der Taufe wird angesagt, wie sich die Eltern und Paten verhalten sollen. Man braucht keine Angst zu haben, etwas falsch zu machen. Am Anfang, entweder zu Beginn der Taufhandlung oder zu Beginn des Gottesdienstes, wird das

Kind an der Stirn und an der Brust mit dem Kreuz gezeichnet.

Der Pfarrer bittet Gott um seinen Segen für das Kind, dann fragt er Eltern und Paten, ob sie das Kind auf dem Weg zum Glauben begleiten möchten. In den evangelischen Kirchen endet die Verantwortung des Paten mit der Konfirmation des Täuflings.

Eltern, Paten und die Gemeinde bekennen gemeinsam ihren Glauben, meist mit dem Apostolischen Glaubensbekenntnis, das in Rom als Bekenntnis zur Taufe entstanden ist. Danach gehen Eltern und Paten an den Taufstein, sie beten miteinander das Vaterunser und der Pfarrer übergießt den Kopf den Kindes dreimal mit Wasser und spricht dabei: „Ich taufe dich im Namen des Vaters und des Sohnes und des Heiligen Geistes. Amen. Gott hat dich von Neuem geboren und schenkt dir seinen Geist. Friede sein mit dir." Der Pfarrer legt dem Kind zum Zeichen des Segens die Hand auf den Kopf und nennt den Taufspruch. Damit ist die Taufhandlung im engeren Sinn abgeschlossen.

Nach der Taufe können unterschiedliche Rituale folgen: Zum Beispiel wird die Taufkerze an der Oster- oder Altarkerze entzündet, das Kind wird mit einem weißen Taufkleid bekleidet. Danach setzen sich Eltern und Paten wieder.

Die Taufe in der katholischen Kirche

Die Taufe in der katholischen Kirche ist ähnlich, aber ausführlicher als die Taufhandlung in den evangelischen Kirchen. Meist wird sie innerhalb der heiligen Messe gespendet. Eine traditionsreiche und beliebte Taufzeit ist der Gottesdienst in der Osternacht.

Die Eltern werden nach dem Namen des Kindes gefragt und nach dem, was sie sich von der Kirche wünschen: die Taufe. Der Priester fragt die Eltern und die Taufpaten, ob sie bereit sind, ihr Kind im katholischen Glauben zu erziehen. Im Unterschied zu den evangelischen Kirchen kennt die katholische Kirche kein formales Ende der Verantwortung der Paten.

Nach der Lesung und der Predigt oder Ansprache kommen die Eltern und die Paten mit dem Kind zum Taufbecken. Hier wird das Kind von Priester, Eltern und Paten mit dem Kreuzzeichen bezeichnet. Im Anschluss an das Fürbittengebet mit Anrufung der Heiligen spricht der

Priester das Gebet um Befreiung vom Bösen (Exorzimusgebet).

Erst dann beginnt die Taufhandlung im engeren Sinne. Das Wasser wird geweiht bzw. das in der Osternacht geweihte Wasser verwendet. Oft erfolgt das sich anschließende Glaubensbekenntnis in Form von Frage und Antwort an die Eltern und die Paten bzw. den erwachsenen Täufling.

Das Kind wird über das Taufbecken gehalten und dreimal mit Wasser übergossen: „N., ich taufe dich im Namen des Vaters und des Sohnes und des Heiligen Geistes." Der Priester salbt das Kind mit Chrisamöl. Er zeichnet dabei als Zeichen der Erwählung und des Segens ein Kreuz auf Stirn und Brust. Die Salbung weist einerseits zurück auf die Salbung der Könige im alten Isra-

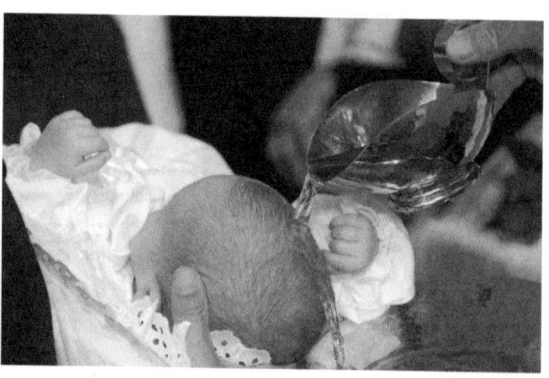

el, deutet aber auch in die Zukunft des Täuflings, auf die Firmung.

Als Symbol des vor Gott reinen, noch einmal neu geborenen Menschen erhält der Täufling ein weißes Kleid. Es symbolisiert auch, dass der Täufling in der Taufe Christus angezogen hat. Dann übergibt der Priester die Taufkerze, und die Paten entzünden diese an der Osterkerze.

Das Kind wird von dem Priester symbolisch an Ohren und Mund berührt. Er spricht dabei „Effata" („Öffne dich") – von nun an sollen Ohren und Mund des Täuflings offen sein, um das Wort Gottes zu hören und den Glauben zu bekennen. Mit Vaterunser und Segen endet die Taufe.

Liebe und andere Nebendinge – Die Trauung

Sie wollen heiraten? Und das nicht nur standesamtlich, sondern „richtig" in der Kirche, mit allem drum und dran? Sie haben Mut! Wenn man bedenkt, dass gut ein Drittel aller Ehen wieder geschieden wird, und  sich zumindest darin die Kirchen einig sind: Eine Scheidung zwischen Mann und Frau sollte es nicht geben. In der Konsequenz beurteilen die Kirchen die Unauflöslichkeit der Ehe unterschiedlich.

In der Trauung zeigt sich die tiefe Verbundenheit der Liebenden in einem öffentlichen Bekenntnis zueinander. Zwei Menschen finden durch Leichtes und Schweres den Weg zueinander und geben nicht auf. Sie wissen sich von einer Kraft getragen, die weit über sie und uns alle hinausreicht. Zugleich sind sie sich aber ihrer Grenzen bewusst. Deshalb erbitten Sie in einem Gottesdienst den Segen für ihre Ehe. In der katholischen Kirche verspricht sich das Brautpaar die Treue gegenseitig vor Gott. Sie spenden einander das Sakrament. In den orthodoxen und den evangelischen Kirchen wird

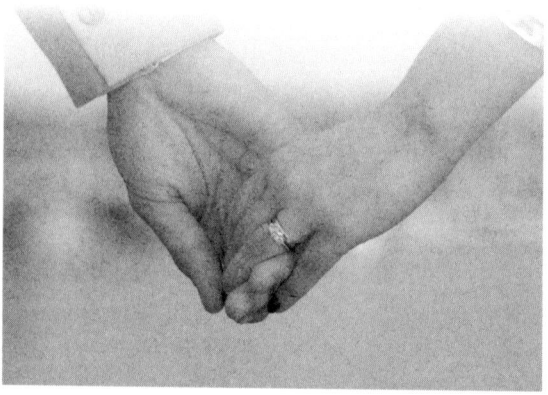

ihnen der Segen zugesprochen. Die Ehe ist im evangelischen wie im orthodoxen Verständnis ein zu schützender sakramentaler, ein heiliger Raum. Sie ist prinzipiell für die Dauer des Lebens angelegt und soll nicht getrennt werden. Aber die Realität der Schuld zwischen Menschen macht auch vor der Ehe nicht halt.

Getraut werden in den Kirchen christliche Paare, wenn beide einer Konfession angehören. Wenn ein Partner nicht zur Kirche gehört, wird die Ehe in der evangelischen Kirche in einem Gottesdienst zur Eheschließung gesegnet. Es entfällt die berühmte Frage: „Deshalb frage ich Sie, wollen Sie ..., die/den Gott, Ihnen anvertraut hat ..." Für die katholische Trauung ist neben der Kirchenmitgliedschaft das Bekenntnis zur Unauflöslichkeit der Ehe und der Wunsch nach Kindern bedeutsam.

Mühselige Notwendigkeiten: Die Anmeldung

Für die Anmeldung zur Trauung benötigt man die Taufurkunde oder einen Auszug aus dem Taufregister. Sie erfolgt immer in dem für das Paar zuständigem Pfarramt. Nicht immer wohnt man freilich an einem gemeinsamen Ort, zumindest nicht zum Zeitpunkt der Trauung.

Man meldet die Trauung an einem der zuständigen Pfarrämtern an und erbittet von dem anderen eine Erlaubnis, dass die Trauung stattfinden kann. Die Anmeldung wird in einem Protokoll festgehalten, das alle Daten der Brautleute enthält: die Geburtstage, Adresse(n), Wohnort(e), Tauftag, gewünschter Trauspruch ... und natürlich den Tag der Trauung. Auch Pfarrer sind beschäftigte Menschen, und in den hohen Zeiten der Hochzeiten sind die Wunschtermine oft schnell belegt. Insofern empfiehlt es sich, den Termin rechtzeitig zu vereinbaren.

Bei der Anmeldung und Terminfestlegung wird bei katholischen Trauungen gemeinsam mit dem Priester entschieden, ob der Gottesdienst mit (Brautmesse) oder ohne Eucharistie (Trauungsfeier) stattfinden soll.

Das Gespräch mit dem Pfarrer oder Priester dient auch der inhaltlichen Vorbereitung der Feier:

• Wer formuliert die Fürbitten? Könnten das Freunde, Verwandte, Bekannte tun?

• Wer gestaltet die Feier musikalisch? Wird der zuständige Organist dafür angesprochen oder ein anderer Musiker oder wird ein Gast Orgel spielen? Wie ist die Bezahlung geregelt? Häufig ist der Organist extra zu bezahlen.

- Welche Lieder werden gesungen? Sie sollten Spaß machen, dem Rahmen der Feier angemessen und singbar sein.
- Wird es ein Liedblatt geben? Wenn ja, wer gestaltet es? Ein Liedblatt kann eine gute Erinnerung an diesen Tag für alle Gäste sein und zugleich auch ein Gruß bzw. Dank, den die Brautleute den Gästen mit auf den Weg geben.
- Wer kümmert sich um den Blumenschmuck? Wer besorgt ihn, bezahlt ihn, schmückt die Kirche? Manchmal ist in der Ortsgemeinde jemand dafür ansprechbar. An anderen Orten kann man ein spezielles Blumengeschäft beauftragen. Sollte eine weitere Trauung in der Kirche sein, kann man sich vielleicht mit dem anderen Paar über Blumen und Preis einig werden.
- Wer ist für die Ringe verantwortlich? Wer übergibt sie dem Pfarrer / Priester?
- Gibt es eine ortsübliches Trauritual, z.B. eine Traukerze? Wer gestaltet sie? Sind beispielsweise die Trauzeugen dafür ansprechbar?

- Soll die Trauung in einer anderen Kirche stattfinden, so ist dort zu klären, ob für die Raum-
nutzung Kosten anfallen oder eine Spende
erbeten wird. Bei der Höhe der Spende ist zu

bedenken, dass die
Gemeinde Reinigung,
Heizung, Wasser etc.
und auch die Erhal-
tung des Raumes
bezahlen muss.

Rituale und ihre Nebenerscheinungen

Amerika macht es vor: Trauung ist nicht nur
ein Akt der gegenseitigen Zusage, sondern vor
allem ein gesellschaftliches Ereignis. Und als
Star kann man es durchaus auf die Titelseite
einiger Zeitschriften bringen, wenn man stan-
desgemäß heiratet. Allerdings sind nicht alle
aus Film und Fernsehen bekannten Riten auch
in Europa heimisch oder üblich.

Bekannt und beliebt ist das Blumenstreuen
vor, nach Absprache auch in der Kirche. Zu
bedenken ist dabei bereits im Vorfeld die nach-
folgende Reinigung. Sie sollte nicht dem Küs-
ter oder Sakristan aufgebürdet werden.

In Europa ziehen Braut und Bräutigam gemeinsam in die Kirche ein. Vielerorts denken Paare

wieder darüber nach, ob der Vater die Braut zum Bräutigam führen sollte. Dieser Brauch stammt aus einer Zeit, in der auch unter Christen die Frau aus dem Herrschaftsbereich des Vaters in den des Ehemannes wechselte. Ob das für den Beginn der eigenen Partnerschaft ein gutes und passendes Symbol ist, sollte man miteinander vor der Trauung bedenken.

Auch einige alte Bräuche aus den Fruchtbarkeitskulten haben sich bis heute rund um die Trauung erhalten. Der unangenehmste davon ist wohl das Reiswerfen. Unangenehm nicht für das Brautpaar, aber für jeden, der im Anschluss reinigen muss, denn Reiskörner haften in allen Ritzen, und als Getreideart haben sie die Angewohnheit aller Getreidesorten: Sie quellen, sobald sie in Kontakt mit Wasser kommen. Auf

Treppen und Stufen werden sie zu gefährlichen Rollbändern. Wo es erlaubt ist (unbedingt vorher fragen!), findet es immer außerhalb, nie in der Kirche statt. Vielerorts wird dieser heidnische Brauch allerdings nicht gern gesehen.

Und falls alle diese sachlichen Gründe nicht ausreichen, ist auch moralisch zu fragen: Ist es passend, ein Grundnahrungsmittel zum Spaß zu werfen, das an vielen Orten der Erde nicht ausreichend vorhanden ist, um das Überleben zu sichern?

Evangelische Trauung

Meist wird die Trauung bzw. der Gottesdienst zur Eheschließung eine eigenständige Feier sein. In seltenen Fällen ist sie Bestandteil des sonntäglichen Gottesdienstes. Oft zieht das Brautpaar gemeinsam mit dem Pfarrer in die Kirche ein. Das Brautpaar nimmt auf bereitgestellten und geschmückten Stühlen vor dem Altar

Platz. Nach einer Begrüßung, einem Lied und dem Eingangsgebet folgt die Lesung, die meist das Brautpaar gemeinsam mit dem Pfarrer ausgewählt hat. Neben dem sog. Hohelied der Liebe aus dem 1. Korintherbrief (Kap. 13), können beispielsweise auch Verse aus dem dritten Kapitel des Kolosserbriefs gelesen werden: „So zieht nun an als die Auserwählten Gottes, als die Heiligen und Geliebten, herzliches Erbarmen, Freundlichkeit, Demut, Sanftmut, Geduld; und ertrage einer den andern ..."

Die Predigt wird sich mit dem Vers, den das Brautpaar oder der Pfarrer für die Trauung gewählt hat, der Verbindung zum Brautpaar und dem Thema des Gottesdienstes, der Ehe, beschäftigen.

Nach der Predigt tritt das Brautpaar vor den Altar. Der Pfarrer stellt nun beiden Ehepartnern die „berühmte" Frage: „Deshalb frage ich Sie, wollen Sie ... , die/den Gott, Ihnen anvertraut hat ..." und segnet nach dem Ja-Wort das Brautpaar.

Es folgen die Fürbitten, das Vaterunser und der Segen.

Der Gottesdienst kann auf vielfältige Art und Weise musikalisch ausgestaltet werden.

Katholische Trauung

Die katholische Trauung wird als Traumesse oder als Wortgottesdienst gefeiert. Der Ablauf insgesamt ist dem der Messe vergleichbar. Das Brautpaar wird vom Priester und den Ministranten normalerweise an der Kirchentür begrüßt. Die Gemeinde erhebt sich zum Einzug. In der Regel werden für das Brautpaar Stühle vor dem Altar bereitstehen. Ist das nicht üblich, findet es seinen Platz in der ersten Reihe.

Bis zum Ende des liturgischen Grußes „Im Namen des Vaters und Sohnes und des Heiligen Geistes. – Amen" bleiben alle stehen. Bis zur Predigt ist der Gottesdienstablauf der gleiche wie während einer normalen Messe. Nach der Predigt tritt der Priester zu dem Brautpaar vor den

Altar. Er bittet die Trauzeugen nach vorn und fragt nach einer Einleitung die Brautleute, ob sie bereit sind, miteinander die Ehe einzugehen. Anschließend werden die Ringe gesegnet. Der Priester spricht dafür ein Segensgebet und besprengt sie mit Weihwasser.

Für die Vermählung können die Brautleute zwischen dem Vermählungsspruch oder dem Ja-Wort wählen. Den Vermählungsspruch sprechen Braut und Bräutigam sich gegenseitig zu: „N., vor Gottes Angesicht nehme ich dich an als meine Frau / meinen Mann ..." Entscheidet sich das Brautpaar für die Vermählung durch das Ja-Wort, so übernimmt der Priester die Funktion des Fragenden und die Brautleute antworten jeweils mit Ja.

Braut und Bräutigam reichen nun einander die rechte Hand, der Priester legt die Stola darüber und seine rechte Hand darauf und spricht: „Im Namen Gottes und seiner Kirche bestätige ich den Ehebund, den Sie geschlossen haben." An die Gemeinde und die Trauzeugen gewendet: „N. und N. und alle, die zugegen sind, nehme ich zu Zeugen dieses heiligen Bundes. Was Gott verbunden hat, das darf der Mensch nicht trennen." Dann legt er dem Brautpaar die Hände auf und spricht den Trausegen.

Der weitere Verlauf des Gottesdienstes folgt dem Ablauf der heiligen Messe.

Glauben vollzieht sich nicht nur in großen Ereignissen. Jeder Tag soll auf eigene Weise davon geprägt sein. Viele Rituale können diesen Weg erleichtern. Manche sind sehr vertraut, manche ein wenig aus dem Blickfeld geraten.

Rituale im Jahr

Das Jahr ist ein Geschenk. Wenn die Silvesterböller schon nicht böse Geister vertreiben, so bringen sie uns in Erinnerung: Wir können ein neues Jahr nutzen, ein Jahr, in dem nicht alles, aber vieles anders wird. Wenn das „normale" Jahr beginnt, ist das Kirchenjahr den Kinderschuhen beinahe entwachsen: Es ist bereits mehr als vier Wochen alt; „Neujahrstag" ist der 1. Advent.
Pauschal ist die Frage nach dem Verhalten im Kirchenjahr kaum zu beantworten. Es entfaltet seine Weisheit vor allem im Tun. Jedes (Kirchen-) Jahr bietet einen Gang durch alle Bereiche des Lebens: von der Geburt des Kindes Jesus über die Frage nach Leiden und Sterben bis zur neuen Zukunft in Gott, als Gemeinschaft der Glaubenden, aber auch als Menschen mit der Realität des eigenen Todes. Die jährliche Wiederholung

schafft einen Rahmen, in dem ich Heimat habe
– trotz und mit allen Wandlungen.

Die ersten Wochen im Kirchenjahr, ab Anfang
Dezember – und nicht schon der September! –,
stehen im Zeichen der Erwartung auf das große
Geschenk, das Gott selbst gibt: die Geburt des
Kindes Jesus. Die *Adventszeit* ist eine Vorberei-
tungszeit. Das eigentliche Fest beginnt mit dem
Heiligen *Abend*. Die *Passions-/Fasten- und Osterzeit*
wird mit dem Fasching eingeleitet. Am Ascher-
mittwoch beginnt die Besinnung auf das, was
das Leben schwer macht, die 40-tägige Fastenzeit; Symbol (katholisch) dafür ist die Bezeich-
nung mit dem Aschekreuz. Viele verzichten in

dieser Zeit auf bestimmte Speisen, z.B. Alkohol, oder den Besuch von Veranstaltungen. *Ostern* beginnt mit der Osternacht. Diese Nacht verbindet die Feier der Auferstehung mit der Erinnerung an die Entstehung der Schöpfung (z.B. Entzünden von Osterfeuern). *Pfingsten* feiert die Kirche „Geburtstag". Die Gebäude sind mit Birken oder Birkenzweigen geschmückt.

Danach beginnt für die Kirche eine „feierarme" Zeit. Dem modernen Mitteleuropäer kommt das entgegen. Er kann in aller Ruhe in den Urlaub fahren, ohne ein kirchliches Fest zu verpassen. Zum Erntedankfest, meist Anfang Oktober, wird der Erntekranz aus Ähren gebunden und mit Früchten verziert, er symbolisiert den Kreislauf des Jahres und die Abfolge der Jahreszeiten, die Erntekrone verweist auf Gottes königliche Würde. Im November steht die Besinnung auf die Grenze des Lebens im Mittelpunkt: Allerheiligen (katholisch, 1.11.) – Verbindung zu den Heiligen aller Zeiten, Allerseelen (2.11.) – Schmücken der (katholischen) Gräber mit Kerzen. Toten- oder Ewigkeitssonntag (evangelisch) – Gedenken an die Verstorbenen, Schmücken der Gräber mit Tannenreisig.

Dem Tag ein Gesicht geben

Jeder Tag hat sein Gesicht. Manchmal ist es heiter, manchmal verregnet. Manchmal weht mich der Sturm fast von den Beinen, manchmal drücken die Nebel mich zu Boden. Um in allen Tagen heimisch zu sein und sie so anzunehmen, wie sie mir begegnen, brauche ich einen festen und vertrauenswürdigen Rahmen. Wenn ich weiß, wo meine Mitte ist, mein Ruhepunkt, kann ich mich leichter und freudiger an Unbekanntes wagen.

Aus diesem Wissen heraus haben sich in den Kirchen für jeden Tag, ja für jede Stunde Gebetszeiten entwickelt. Aber ist es noch zeitgemäß, den Tagesablauf so zu unterbrechen? Wird man nicht damit indoktriniert? Zeigt sich Christliches gerade da als Bedrohung?

Damit beißt sich die Katze in den berühmt-berüchtigten Schwanz. Einerseits brauchen wir sowohl Tages- als auch Jahresrituale, andererseits haben die vorgegebenen, tradierten etwas von altertümlich, verknöchert, unmodern, kurz: etwas von dem, wie man aus der Sicht der Gesellschaft nicht sein will. Man kommt nicht umhin, es selbst auszuprobieren. Drei Zeiten bieten sich für eine solches Projekt an: der Morgen, der Mittag und der Abend. Man könnte versuchen, den Tag mit einem kurzen Innehalten zu beginnen. Martin Luther rät dazu, den Tag mit dem Kreuzzeichen zu beginnen und ihn

auch damit wieder zu beenden. Häufig läuten zur Mittagszeit die Glocken. Auch dieser Augenblick lädt dazu ein, kurz innezuhalten und sich zu besinnen: Wie war der Tag bisher? Was habe ich alles geschafft? Wofür kann ich dankbar sein? An wen möchte ich denken? Traditionell ist das Mittagsgebet von der Bitte um den Frieden geprägt.

Wenn ich den Tag so unterbreche, wird er sich verändern. Möglicherweise nehme ich manches bewusster wahr. Vielleicht kann ich mich auf einiges besser konzentrieren. Es kann auch sein, dass ich deutlicher bemerke, was mir und anderen guttut und was ich einfach weglassen könnte.

Mein Tag erhält sein Gesicht aber auch von den vielen Begegnungen. Bayern hat mit „Grüß Gott" noch den ursprünglichen Gedanken des Grußes auf der Straße bewahrt: dem anderen Gottes Segen zu wünschen. Die bewusste Entscheidung für einen freundlichen Gruß wird nicht ohne Antwort bleiben. Vielleicht ist der andere erstaunt und blickt auf. Vielleicht bre-

che ich selbst aus meinem Rückzug in mich auf. Den anderen und mich unter den Segen Gottes zu stellen, verändert meine Einstellung zu ihm. Er ist kein Feind, sondern ein Mensch neben mir. Daran sollte sich mein Verhalten messen.

Jeder Tag ist Gottes einmaliges Geschenk. Vierundzwanzig lange Stunden, die ich nutzen darf. Ich gebe ihnen ein unverwechselbares Gesicht. Ob dieses Gesicht ein Lächeln trägt, wenn auch unter Tränen, wird nicht zuletzt davon abhängen, ob ich mir dessen bewusst bleibe, aus wessen Händen ich diesen Tag erhalten haben.

Seit einigen Jahren ist die Verbindung von Glauben und Bewegung wieder neu in den Blick geraten. Nicht nur, aber auch durch den Bestseller von Hape Kerkeling „Ich bin dann mal weg" begeben sich viele Menschen auf Pilger- oder Wallfahrt. Aber auch kürzere Wege wie Prozessionen werden neu und anders als Weg des Glaubens wahrgenommen. Glaubenswege als Pilger- oder Wallfahrt oder auch in einer Prozession zu gehen, ist so alt wie die Menschheit selbst. Sie gehören zu den Grunderfahrungen des Glaubens. Im Islam ist die Wallfahrt eine

der fünf Säulen, auf der der Glaube steht. Glauben ist nicht nur eine Sache des Verstandes, sondern des ganzen Körpers. Das kann in den Bewegungen der Glaubenswege neu entdeckt werden.

Der vielleicht bekannteste Termin für eine Prozession ist das Fronleichnamsfest. Aber auch am Palmsonntag beispielsweise nehmen viele Menschen an Prozessionen teil. Die Prozession ist Teil eines Gottesdienstes. Sie wird immer von den Ministranten und dem oder den Zelebranten geführt. Erst dann folgen die Teilnehmer, unter Umständen nach den Trägern einer Heiligenfigur und den Musikern. Häufig singt man zum Anlass der Prozession passende Lieder. Es ist gut für mich selbst, mich dann nicht ablenken zu lassen.

Längere Unternehmungen wie Wall- oder Pilgerfahrten leben auch von der Gemeinschaft. Selbst wenn ich allein losgehe, treffe ich auf meinem Weg zum Wallfahrtsort andere, die das gleiche Ziel haben. Der Austausch untereinander über den Weg, die Erfahrungen meiner Reise, aber auch über die mehr oder weniger großen Beschwerlichkeiten, die es zu bewältigen gilt, gehören zur inneren Erfahrung dazu. Während ich mich in der Prozession, die von einer

Andacht bzw. einem Gottesdienst eröffnet bzw. beschlossen wird oder Teil eines Gottesdienstes ist, auf die Vorbereitung anderer verlassen kann, fordert eine Wallfahrt, selbst wenn ich mich einer Gruppe anschließe, mich selbst heraus. Wohin möchte ich? Was bedeutet mir dieser Ort? Was erhoffe ich? Was benötige ich an Wissen? Wer reist mit mir? Wie lange werde ich unterwegs sein? Welches Gepäck ist nötig? Was brauche ich nicht? Viele Fragen stellen sich, ehe ich mich auf den Weg begeben kann. Es kann mir helfen, mich auch auf dem Weg vom Ziel leiten zu lassen. Vielleicht singe ich jeden Tag in einer Kapelle. Vielleicht beginne ich den Morgen bewusst mit Schweigen. Es gibt viele Möglichkeiten, den Tag vom Ziel her bestimmen zu lassen. Die Erfahrung, die mir der Weg vermittelt, werden mich prägen.

Häufig wird man davon überrascht: Ein Mensch, den man kannte, gern hatte, ist nicht mehr. Und man wird zur Beerdigung eingeladen oder erfährt davon und möchte aus Achtung vor den Angehörigen und vor dem Verstorbenen teilnehmen.

In Europa ist es üblich, zu Beerdigungen schwarze oder zumindest dunkle Kleidung zu tragen. Steht man dem Verstorbenen näher, kann man einen Handstrauß mitnehmen. Kränze oder Gestecke werden vor der Feier den Mitarbeitern

des Beerdigungsinstituts übergeben, die sie in der Trauerhalle aufstellen. Briefe bzw. Kondolenzschreiben sollten den Trauernden nicht direkt übergeben, sondern in den in der Regel am Eingang der Trauerhalle oder der Kirche bereitstehenden Korb gelegt oder einem Mitarbeiter des Beerdigungsinstitutes gegeben werden. Meist liegt am Eingang auch ein Kondolenzbuch aus, in das man sich eintragen kann.

Der Gottesdienst wird vom Pfarrer bzw. Priester geleitet. Für die nächsten Angehörigen des Verstorbenen sind die Plätze in den ersten Sitzreihen reserviert. Während in evangelischen Gemeinden meist eine mehr oder weniger schlichte Andacht gehalten wird, ist für katholische Christen ein Requiem (heilige Messe im Andenken des Verstorbenen) üblich.

Am Ende der Feier wird der Sarg bzw. die Urne aus der Halle zum Grab gebracht. Der Priester/Pfarrer schließt sich den Trägern an, ihm folgen die nächsten Angehörigen. Die Trauergemeinde erhebt sich dazu. Der Trauerzug geht in gemessenem Schritt zum Grab. Wenn ein Gespräch nötig werden sollte, ist es leise zu führen, um andere nicht zu stören. Meist wird der Weg von der Trauerhalle zum Grab aber schweigend zurückgelegt.

Am Grab spricht der Priester/Pfarrer ein letztes Wort, bevor der Sarg abgesenkt wird. Danach treten zunächst die Angehörigen und dann die übrige Trauergemeinde an das Grab, halten kurz inne und werfen Blumen (eventuell den Handstrauß) oder Erde aus bereitgestellten Körben auf den Sarg. Zum Anschluss kann man den Angehörighen kondolieren.

1. Mit welchen Worten beten evangelische Christen zu Beginn des Gottesdienstes?

A Kyrie eleison / Herr erbarme dich

B Danke, es ist Sonntag!

C Hallo, lieber Gott, ich bin da.

2. Ich möchte an einem heißen Tag eine Kirche in Italien besuchen. Wie betrete ich sie?

A mit meinem neuen schicken Spaghettitop, da das Wetter sehr heiß ist

B in Badeanzug / Shorts; die Kirche ist sehr nah am Strand, und ich kann mich nicht umziehen

C in Kleidung, die die Schultern und Knie bedeckt; die Achtung gebietet es, nicht zu viel „Fleisch" zu zeigen

3. Wohin lege ich den nassen Regenschirm während des Gottesdienstes?

A Ich lege ihn neben mich auf die Sitzbank, so bleibt er sauber.

B Ich lege ihn auf den Boden, so bleibt die Sitzbank trocken.

C Ich stelle ihn in den Schirmständer am Eingang oder gebe ihn in eine mitgebrachte Plastiktüte.

4. In einer Kirche steht ein schöner Altar, den ich mir gern aus der Nähe ansehen möchte. Wie verhalte ich mich?

A Der Altarraum ist nicht abgegrenzt. Ich gehe um den Altar herum und fotografiere alle Seiten.

B Ich gehe nur bis zu den Altarstufen, betrete den Altarraum aber nicht.

C Ich bleibe an der Tür stehen. Kirchen darf man außerhalb der Gottesdienste nicht betreten.

5. Wozu dient das Wasserbecken am Eingang katholischer Kirchen?

A Man reinigt symbolisch die Füße, indem man sie kurz ins Wasser eintaucht.

B Katholische Christen tauchen die Fingerspitzen ein und schlagen ein Kreuzzeichen.

C Man taucht die rechte Hand ein und reinigt sich symbolisch die Stirn.

6. Was tue ich, nachdem ich in der Kirchenbank Platz genommen habe?

A Ich sehe mich nach vorn, zur Seite und nach hinten um und rufe Bekannte oder Freunde.

B Ich stehe noch einmal auf und suche den Pfarrer/Priester, weil ich schnell mit ihm das Gemeindefest absprechen will.

C Ich sammle mich in Stille, um mich auf den Gottesdienst vorzubereiten.

7. Wer darf in der Kirche seine Kopfbedeckung aufbehalten?

A nur Frauen

B nur Männer

C Frauen und Männer

8. An wen wende ich mich, wenn ich eine Trauung oder eine Taufe anmelden will?

A an das Einwohnermeldeamt

B an das zuständige Pfarramt

C die nächste Polizeidienststelle

9. Da der Organist verhindert ist, muss der Gottesdienst ohne Orgelmusik statt-finden. Wie verhalte ich mich?

A Ich singe mit, egal ob mit oder ohne Begleitung.

B Ich gebe weniger Kollektegeld.

C Ich gehe nach Hause, der Gottesdienst fällt ohnehin aus.

10. Freunde haben mich zum Hochzeits-fotografen ernannt. Wie fotografiere ich in der Kirche?

A Direkt vor oder hinter dem Altar stehend, bekomme ich das beste Bild.

B Ich stehe seitlich und fotografiere wenn möglich ohne Blitz.

C Ich stelle mich neben den Pfarrer und das Brautpaar und bitte sie, sich zur Seite zu drehen, um ein besseres Bild zu bekommen.

11. Mein Kind möchte unbedingt ein Spiel-zeug mit in die Kirche nehmen. Da es sonst zu unruhig wird, darf es was mitnehmen?

A sein Lieblingsauto mit Aufzugmotor

B seine Bauklötze

C ein Stofftier

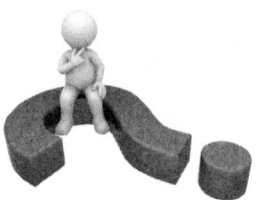

12. Was stelle ich auf das Bänkchen vor mir in der katholischen Kirche?

A Es ist eine Schirmablage, ich lege meinen Schirm oder meine Tasche darauf ab.

B Es ist eine Fußbank; ich stelle meine Füße darauf, um den Rücken zu entlasten.

C Es ist eine Kniebank; ich knie mich an einigen Stellen im Gottesdienst darauf.

13. Wie bekreuzigen sich orthodoxe Christen?

A von rechts nach links

B von links nach rechts

C gar nicht

14. Was tue ich am Ende des Aschermittwochsgottesdienstes in der katholischen Kirche?

A Ich gehe nach vorn und lasse mich mit dem Aschekreuz zeichnen.

B Ich gehe schnell nach Hause, um zu fasten.

C Ich umarme meinen Nachbarn.

15. Was sage ich zu meinen Nachbarn, wenn ich zum Friedensgruß aufgefordert werde?

A Grüß dich!

B Friede sei mit dir!

C Sei gesegnet!

16. In welcher Haltung hört man das Evangelium im Gottesdienst?

A auf dem Boden liegend

B sitzend

C stehend

17. Als das Kollektenkörbchen umgeht, stelle ich fest, dass ich nur große Scheine dabei habe. Wie verhalte ich mich?

A Ich gebe gar nichts in Kollektekörbchen, sondern gehe nach dem Gottesdienst in die Sakristei und bitte darum, meinen Schein gewechselt zu bekommen.

B Ich gebe einen Schein hinein, aber dafür in den nächsten vier Wochen gar nichts.

C Ich lege einen Schein hinein und nehme mir Wechselgeld heraus.

18. Ich möchte an den Bischof einen Brief schreiben. Wie rede ich ihn an?

A Ihre Eminenz ...

B Lieber Herr ... / Sehr geehrter Bruder ...

C Sehr geehrter Herr Bischof ...

19. Wer ist im katholischen Gottesdienst zum Empfang der Kommunion eingeladen?

A nur Katholiken

B nur Katholiken und Orthodoxe

C alle Getauften

20. Bei einer Bergwanderung „flüchte" ich vor dem Regen in eine kleine Kapelle. Wie verhalte ich mich dort?

A Ich bleibe nahe am Eingang, um mit meinen dreckigen Wanderschuhen die Kirche nicht unnötig zu verschmutzen.

B Ich nutze die erzwungene Rast, um in der Kapelle meine Brotzeit im Trockenen einzunehmen.

C Ich laufe umher, um mir alles anzusehen.

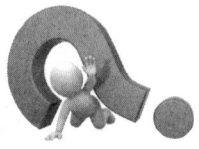

Antworten

1. Mit welchen Worten beten evangelische Christen zu Beginn des Gottesdienstes?

A „Kyrie eleison"/„Herr erbarme" dich wird während der Eingangsliturgie im evangelischen Gottesdienst gesungen. Ich bitte damit um Gottes Erbarmen und seine Nähe.

2. Ich möchte an einem heißen Tag eine Kirche in Italien besuchen. Wie betrete ich sie?

C In südlichen Ländern wird deutlich mehr auf die Kleidung geachtet als in Deutschland. Deshalb sollte man eine Kirche nur in Kleidung betreten, die die Schultern und die Knie bedeckt; die Achtung gebietet es, nicht zu viel „Fleisch" zu zeigen. Es ist ausreichend, dafür ein Tuch bzw. eine Jacke dabei zu haben.

3. Wohin lege ich den nassen Regenschirm während des Gottesdienstes?

C In den meisten Kirchen kann ich meinen Schirm in den Schirmständer am Eingang stellen. Ist das nicht möglich, ist es günstig, ihn in einer mitgebrachten Plastiktüte zu verstauen.

4. In einer Kirche steht ein schöner Altar, den ich mir gern aus der Nähe ansehen möchte. Wie verhalte ich mich?

B Der Altar ist ein Bereich, der mit besonderer Achtung behandelt werden sollte. Deshalb gehe ich nur bis zu den Altarstufen, betrete den Altarraum aber nicht. Kirchen freuen sich über Interessierte. Viele Kirchen werben mit dem Slogan „offene Kirche". Aber die Gemeindemitglieder wünschen sich auch ein entsprechendes Verhalten im Gotteshaus.

5. Wozu dient das Wasserbecken am Eingang katholischer Kirchen?

B Katholische Christen tauchen die Fingerspitzen ein und schlagen ein Kreuzzeichen. Sie denken dabei: Im Namen des Vaters und des Sohnes und des Heiligen Geistes. Amen. Mit diesem Ritus erinnern sie sich an die Taufe, bei der sie mit Weihwasser übergossen wurden.

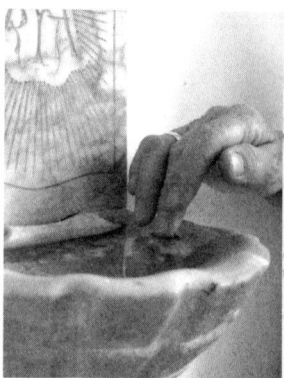

6. Was tue ich, nachdem ich in der Kirchenbank Platz genommen habe?

C Ich sammle mich in Stille, um mich auf den Gottesdienst vorzubereiten. Der Pfarrer/Priester ist zu diesem Zeitpunkt nicht aufnahmefähig, da sie sich selbst auf den Gottesdienst vorbereiten. Lautes Rufen oder Rennen durch die Kirche zerstört für mich selbst und für andere die Andacht, die mich zur Stille und zu mir selbst bringt, um den Gottesdienst aufnehmen zu können.

7. **Wer darf in der Kirche seine Kopfbedeckung aufbehalten?**

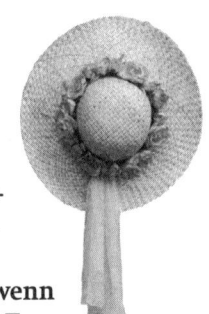

A Im Unterschied zur Synagoge dürfen in den Kirchen nur Frauen ihre Kopfbedeckung auf dem Kopf lassen.

8. **An wen wende ich mich, wenn ich eine Trauung oder eine Taufe anmelden will?**

B Ich wende mich an das zuständige Pfarramt. Im Allgemeinen ist es das nächstgelegene Pfarramt. Die Kirchenmitglieder gehören entsprechend ihrem Wohnort und der Straße zu einem bestimmten Pfarramt und finden dort den zuständigen Ansprechpartner.

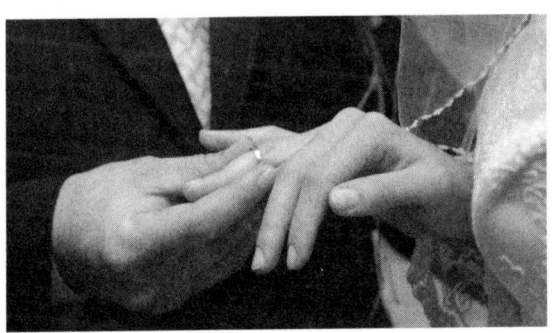

9. **Da der Organist verhindert ist, muss der Gottesdienst ohne Orgelmusik stattfinden Wie verhalte ich mich?**

A Ich singe mit, egal ob mit oder ohne Begleitung. Der Gottesdienst findet auf jeden Fall statt. Früher wurde in den Kirchen immer ohne Begleitung gesungen. Ein Grund, dafür weniger „zu bezahlen", ist es nicht.

10. **Freunde haben mich zum Hochzeitsfotografen ernannt. Wie fotografiere ich in der Kirche?**

B Fotografieren sollte im Gottesdienst immer sehr dezent erfolgen. Deshalb: Ich stehe seitlich und fotografiere wenn möglich ohne Blitz. Das Betreten des Altarraumes oder das Herumlaufen um den Pfarrer / Priester und das Brautpaar ist nicht möglich.

11. Mein Kind möchte unbedingt ein Spielzeug mit in die Kirche nehmen. Da es sonst zu unruhig wird, darf es was mitnehmen?

C Ein Stofftier ist die beste Wahl, da ein Auto mit Aufzugsmotor oder klappernde Bauklötze störende Geräusche verursachen.

12. Was stelle ich auf das Bänkchen vor mir in der katholischen Kirche?

C Es ist eine Kniebank; ich knie mich an einigen Stellen im Gottesdienst darauf. Das Knien ist eine Form, meine Achtung Gott gegenüber auszudrücken.

13. Wie bekreuzigen sich orthodoxe Christen?

A Orthodoxe Christen bekreuzigen sich von rechts nach links. Sie nehmen damit das Kreuz auf, mit dem der Priester sie bekreuzigt hat und bekreuzigen sich nicht selbst. Orthodoxe Christen fragen gelegentlich danach, wie man sich bekreuzigt, um zu wissen, ob man zu den sog. Kirchen des Westens (katholische Kirche, evangelische Kirchen) gehört oder zu den Ostkirchen (orthodoxe Kirchen). Dass sich evangelische Christen eher nicht bekreuzigen, ist für sie schwer nachvollziehbar.

14. Was tue ich am Ende des Aschermittwochsgottesdienstes in der katholischen Kirche?

A Ich gehe nach vorn und lasse mich mit dem Aschekreuz zeichnen. Die Asche stammt von den verbrannten Palmzweigen des vorjährigen Palmsonntags. Die symbolische Handlung stimmt mich auf die 40-tägige Fastenzeit vor Ostern ein.

15. Was sage ich zu meinen Nachbarn, wenn ich zum Friedensgruß aufgefordert werde?

B „Friede sei mit dir!" ist der Gruß, mit dem Jesus selbst seine Jünger angesprochen hat. Als Friedensgruß wird er während der Abendmahlsliturgie sich gegenseitig zugesprochen.

16. In welcher Haltung hört man das Evangelium im Gottesdienst?

C Das Evangelium hört man in fast allen Kirchen stehend an. Das Liegen auf dem Boden ist eine Haltung, die beispielsweise beim Ablegen des Klostergelübdes und bei der Priesterweihe üblich ist.

17. Als das Kollektenkörbchen umgeht, stelle ich fest, dass ich nur große Scheine dabei habe. Wie verhalte ich mich?

A Ich gebe gar nichts in Kollektenkörbchen, sondern gehe nach dem Gottesdienst in die Sakristei und bitte darum, meinen Schein gewechselt zu bekommen. Dies ist die günstigste Variante.

18. Ich möchte an den Bischof einen Brief schreiben. Wie rede ich ihn an?

C „Sehr geehrter Herr Bischof" ... ist die richtige Anrede. „Ihre Eminenz" ist die Anrede für den Kardinal, „Seine Heiligkeit" für den Papst bzw. orthodoxe Patriarchen.

19. Wer ist im katholischen Gottesdienst zum Empfang der Kommunion eingeladen?

B Nur Katholiken und Orthodoxe sind von der katholischen Kirche zum Empfang der Kommunion eingeladen. Die orthodoxe Kirche verbietet allerdings ihrerseits den orthodoxen Christen die Teilnahme am katholischen Abendmahl.

20. Bei einer Bergwanderung „flüchte" ich vor dem Regen in eine kleine Kapelle. Wie verhalte ich mich dort?

A Ich bleibe nahe am Eingang, um mit meinen dreckigen Wanderschuhen die Kirche nicht unnötig zu verschmutzen.

BILDNACHWEIS